FOTOGRAFÍAS: portada y páginas 7, 11, 13 superior, 15 superior centro y 28: Spectrum Colour Library; páginas 4-5, 15 inferior, 18, 29 superior y 30: Frank Spooner Pictures; páginas 8, 9, 12-13, 14, 20-21 y 22: Science Photo Library; páginas 12, 15 superior y 29 inferior: Eye Ubiquitous; páginas 13 inferior, 16-17, 19 y 21: The Hutchison Library; páginas 15 centro izquierda y 16: NHPA; páginas 15 centro derecha y 24: Robert Harding Picture Library; página 23: Bruce Coleman Limited; página 25: Jonathon Eastland.

Colección coordinada por **Paz Barroso**

Traducción del inglés: *Pedro Barbadillo*
Título original: POISONING THE LAND

© Aladdin Books Ltd, 1992
© Ediciones SM, 1993
 Joaquín Turina, 39 - 28044 Madrid

Comercializa: CESMA, S.A. - Aguacate, 25 - 28044 Madrid

El autor, **Martin Weitz,** es escritor y productor de televisión.
Está especializado en temas de salud y medio ambiente.

Asesores: **Jacky Karas** es investigadora y trabaja en el Departamento de
Investigación del Clima en la Universidad de East Anglia, Gran Bretaña.
Nigel Dudley trabaja como investigador en Earth Resources Research,
una institución dedicada a la investigación del medio ambiente.

ISBN: 84-348-3987-3
Depósito Legal: M-5097-1993
Fotocomposición: Grafilia, S.L.
Impreso en España / *Printed in Spain*
Melsa - Ctra. de Fuenlabrada a Pinto, km. 21,800 - Pinto (Madrid)

ENVENENAR LA TIERRA

Martin Weitz

Asesores: Jacky Karas y Nigel Dudley

ediciones SM   Joaquín Turina 39   28044 Madrid

ÍNDICE

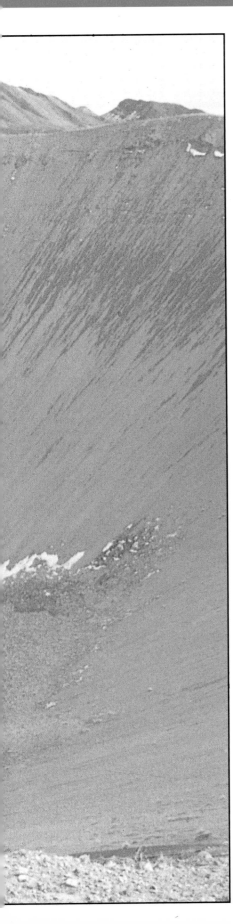

La tierra es muy importante para las plantas, los animales y los seres humanos. Las plantas consiguen su alimento de la tierra, y los animales herbívoros dependen a su vez de las plantas para sobrevivir. Los hombres dependemos de los animales y las plantas para alimentarnos, y construimos nuestras viviendas, oficinas y fábricas sobre la tierra. Además, gran parte del agua que consumimos es agua subterránea.

Durante este siglo, diferentes actividades llevadas a cabo por el hombre han envenenado grandes extensiones de tierra, destruyendo muchos hábitats y acabando con gran parte de la fauna. El uso continuado de **pesticidas** y **fertilizantes** artificiales eliminan muchos organismos beneficiosos para el suelo. Esos productos químicos pasan también a la **cadena alimenticia**, originando enfermedades en los animales y los seres humanos. También los gases venenosos liberados a la atmósfera por las fábricas y los tubos de escape de los vehículos regresan a la tierra en forma de **lluvia ácida**.

Los residuos tóxicos y radiactivos procedentes de fábricas y centrales nucleares se sepultan a menudo bajo tierra. Nadie puede vivir cerca de esos **vertederos** subterráneos y, a veces, los productos químicos enterrados se filtran y contaminan la tierra y el agua.

Tanto los investigadores como muchos industriales se afanan hoy día por encontrar nuevas formas de reducir los residuos, tales como el reciclaje, y buscan potenciar formas de energía menos peligrosas. Algunos países tienen ya leyes que regulan el volumen de residuos que puede generar una fábrica. Estos nuevos desarrollos tienen que orientarse a salvar la tierra para las generaciones futuras.

◄ **Vista de un emplazamiento de pruebas nucleares en Nevada, EEUU. Las zonas donde se explosionan o se ensayan armas nucleares se convierten en desiertos radiactivos. El terreno permanece inhabitable durante miles de años y las personas que entran en contacto con la radiación tienen un riesgo mayor de desarrollar cáncer.**

Las palabras señaladas **en negrita** aparecen explicadas en el vocabulario que hay al final del libro.

La tierra cubre aproximadamente un tercio de la superficie de nuestro planeta. Muchas plantas dependen directamente de la tierra para alimentarse. Sus raíces absorben sustancias nutritivas del suelo, tales como el fósforo, el azufre y el magnesio. Estos elementos se combinan con el carbono, el oxígeno y el hidrógeno para formar las células de las plantas. Además, las plantas cambian la composición del aire que respiramos: durante la fotosíntesis, absorben dióxido de carbono y liberan oxígeno. También los animales y los hombres dependemos de alguna forma de la tierra.

El suelo está constituido por rocas fragmentadas, agua, aire y restos de plantas y animales muertos que descomponen las bacterias y los hongos que viven en la tierra. Este proceso aporta importantes nutrientes al suelo. Otras bacterias proporcionan sustancias como el nitrógeno, que enriquece la tierra y permite que sustente la vida vegetal.

Los inmensos bosques que crecen sobre la tierra alojan a miles de seres vivos. Los bosques tropicales existen desde hace millones de años, y en ellos viven más de la mitad de las especies vegetales y animales del mundo. Estos bosques proporcionan medicinas, alimentos y madera al hombre.

El suelo está constituido por dos capas principales: el mantillo, que es la capa superficial fértil formada en gran parte por la descomposición de materia orgánica, y el subsuelo, que contiene minerales. Muchos animales viven en el suelo, entre ellos millones de bacterias y lombrices; estos animales mezclan los nutrientes al cavar galerías por la tierra. Las raíces de las plantas también se introducen en el suelo, a veces a grandes profundidades; de esta manera fijan el suelo, evitando la **erosión**.

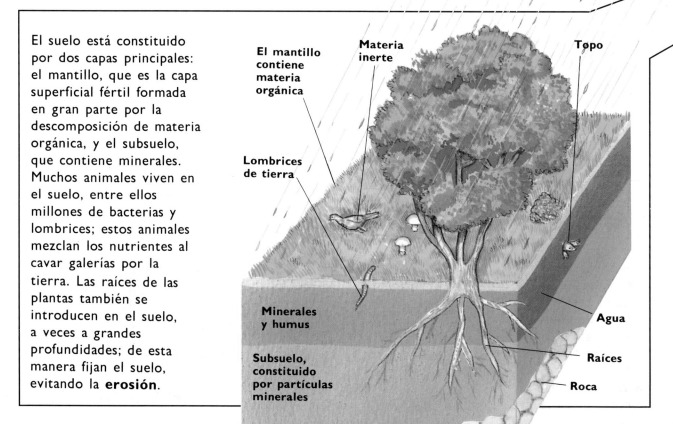

El mantillo contiene materia orgánica

Materia inerte

Topo

Lombrices de tierra

Minerales y humus

Subsuelo, constituido por partículas minerales

Agua

Raíces

Roca

ERRA?

▼ La tierra sustenta la vida de todos los seres vivos. Las plantas se alimentan de sus nutrientes. A su vez, el ganado se alimenta de las plantas que crecen en el suelo. Y los agricultores cultivan cosechas para alimentar a las personas. La tierra contiene también la mayor parte del agua que utilizamos en nuestros hogares.

▶ Nuestra alimentación depende directa e indirectamente de las plantas. Muchos animales herbívoros sirven de alimento al hombre. Este proceso se conoce con el nombre de cadena alimenticia.

Hombre

Perdiz

Caracol

Plantas

Bosque
Ganado

Pozo de agua

Sembrado para producción de alimentos

▶ Campo de maíz en Iowa, EEUU. Sólo se cultiva aproximadamente un 10% de la tierra, ya que no todo el suelo es apropiado para sustentar cosechas. Algunos agricultores preparan grandes extensiones de terreno para cultivar una gran variedad de plantas, desde trigo y arroz hasta plátanos y tomates. Otros siembran una sola clase de cosecha en sus tierras.

LA CONTAMINACIÓN AGRÍCOLA

Aunque los pesticidas y los fertilizantes pueden mejorar el rendimiento de las cosechas, tienen un efecto desfavorable sobre la tierra. Muchos pesticidas matan indiscriminadamente: exterminan al mismo tiempo los insectos útiles, como las abejas y las mariposas, y los insectos dañinos. Los pesticidas organofosforados, como el carbofurano, acaban con las lombrices de tierra y otros insectos vitales para la fertilidad del suelo. Además, con el tiempo, los insectos dañinos desarrollan nuevas variedades que son inmunes a un determinado pesticida.

Los fertilizantes alteran el ciclo natural del suelo. Reemplazar el abono natural y el estiércol por fertilizantes líquidos reduce el humus de la capa superficial y aumenta el riesgo de erosión. Además, si el agua los arrastra, el suelo se queda tan estéril que se precisa una concentración mayor de fertilizante para que prosperen las cosechas.

Limpiar de maleza y árboles extensas zonas para destinarlas al cultivo también destruye la tierra. La vegetación fija el suelo y lo protege de la erosión. Cuando el suelo está desnudo, es fácilmente arrastrado por el viento y la lluvia. Cada año se pierden 25 millones de toneladas de la capa superficial fértil de la tierra a causa de la erosión.

▼ Los pesticidas utilizados para fumigar los campos protegen las cosechas de insectos dañinos. Pero también tienen efectos secundarios negativos: debilitan el suelo y perjudican la salud de los animales. Elevadas concentraciones de pesticidas exterminan determinados pájaros, como los buitres, los halcones comunes y otras especies de aves de presa.

▶ La mayoría de los pesticidas contienen venenos que matan los insectos y otros parásitos que son perjudiciales para las cosechas. En los campos fumigados con pesticidas se coloca frecuentemente un signo que avisa del peligro que entrañan para la salud. Los herbicidas empleados para evitar que crezcan las malas hierbas a veces también destruyen las plantas al atacar algunas de sus células y frenar su actividad celular natural. Se cree que algunos pesticidas provocan cáncer.

▲ Los agricultores que emplean métodos orgánicos sólo usan pesticidas y fertilizantes naturales en sus cultivos. 1) Vendimiando en un viñedo de Provenza, Francia. 2) Tractor arando en una finca inglesa que emplea métodos de agricultura biológica. 3) Máquina vendimiadora en el valle de Nappa, EEUU. 4) Tomates biológicos de una granja de Gales, en el Reino Unido.

LA UTILIZACIÓN RACIONAL DEL SUELO

Una forma de reducir la contaminación de la tierra es adoptar métodos de **cultivo orgánico**. En lugar de emplear fertilizantes artificiales, los agricultores biológicos cultivan plantas, como el trébol, que aportan nitrógeno al suelo. Los agricultores biológicos se sirven también de métodos naturales para controlar los animales dañinos que perjudican las cosechas.

Hay que proteger la tierra de los efectos perjudiciales de la erosión causada por el viento y la lluvia. Plantar árboles ayuda a fijar el suelo. El cultivo de plantas de raíces profundas, como la alfalfa, la consuelda y la acacia, permite que el suelo se airee. Los surcos facilitan que el agua de lluvia se filtre en la tierra y desagüe sin dañar las cosechas.

El ganado, tanto vacuno como lanar, puede dañar el suelo. Las pezuñas de las vacas apelmazan la tierra y dificultan el crecimiento de las plantas. Por eso, los agricultores deben evitar tener demasiados animales pastando en un espacio reducido o criar especies de menor tamaño, como gallinas o gansos.

Plantación de palmeras datileras en Abu Dabi, en el Golfo Pérsico. Los agricultores y los ganaderos pueden provocar que unos terrenos fértiles se transformen en desiertos. Este proceso se denomina **desertización**. La tala de árboles para cultivar cosechas o el pastoreo abusivo de animales, como ovejas, vacas y cabras, contribuye a la desertización. Si se plantan árboles en los terrenos de desertización reciente, se impide que el desierto se extienda. La repoblación protege también las cosechas de los efectos erosivos del viento y la lluvia. En los últimos 50 años se han desertizado unos 900 millones de hectáreas de suelo.

▼ La tala abusiva de árboles destruye el hábitat y empobrece el suelo. Esta vista aérea de un bosque tropical de Brasil (a la izquierda) muestra los efectos devastadores que ha tenido la **deforestación.** La repoblación forestal con árboles adecuados, como la llevada a cabo en el bosque de Wanchope (a la derecha), en el Reino Unido, garantiza que los bosques que han sufrido una tala abusiva puedan seguir proporcionando madera, y también alimentos y hogar para numerosas especies animales.

▶ Los montes que han sido deforestados pueden aprovecharse para granjas o jardines. El jardín forestal que se muestra a la derecha, se encuentra en Devon, Inglaterra. El cultivo de judías o maíz, por ejemplo, ayuda a eliminar las malas hierbas y proporciona nutrientes, como el nitrógeno, al suelo.

LA MINERÍA Y LA TIERRA

La minería es una actividad humana muy antigua. De los yacimientos obtenemos productos útiles, como el carbón, el cobre, el hierro, la bauxita y el uranio. Estos minerales se utilizan para muchas actividades humanas, desde la fabricación de automóviles hasta la producción de energía.

Pero la minería destruye el terreno. Los tractores oruga arrasan la vegetación para que las máquinas excavadoras puedan llegar hasta los minerales. Cuando se ha terminado de explotar una mina, rara vez se repone la tierra. Esto hace que el suelo permanezca estéril durante muchos años.

Algunas veces se hunde o cede el terreno que hay encima de las minas, haciendo que se agrieten las casas y las carreteras, se deformen las vías de ferrocarril y se rompan las conducciones de gas.

La gente empleada en las minas de uranio, carbón, estaño y cobre corre el riesgo de contraer enfermedades relacionadas con su trabajo. Los mineros que trabajan en las minas de uranio pueden padecer cáncer de pulmón a causa del radón, un gas presente en las vetas del uranio.

En la isla griega de Taso, las cosechas cercanas a antiguos yacimientos mineros han sido contaminadas con metales pesados, tales como el plomo, el cinc y el manganeso. Las minas de bauxita de Brasil han contaminado también el terreno circundante.

▲ Estos árboles en Australia muestran claramente los efectos de la contaminación de las minas de cobre. Cuando se funde este metal, desprende a la atmósfera gases venenosos, tales como el anhídrido sulfuroso. Estos gases se combinan con el vapor de agua de la atmósfera y caen a la tierra en forma de lluvia ácida.

Se utilizan diferentes métodos para obtener minerales de la Tierra. Los minerales que se encuentran a gran profundidad, como el petróleo o el gas natural, se extraen perforando el suelo. Los que se encuentran cerca de la superficie se explotan en minas a cielo abierto mediante diversos procedimientos. Por ejemplo, para extraer minerales tales como el cobre, el hierro y la grava, se emplea maquinaria que va excavando un inmenso hoyo. La mina de cobre de la izquierda se encuentra situada en la costa peruana. Cuando se agota una mina no se suele reponer la tierra extraída, y el suelo desnudo de vegetación se erosiona fácilmente.

LOS VENENOS ENTERRADOS

España genera más de dos millones de toneladas anuales de residuos tóxicos y peligrosos, de los cuales se estima que sólo el 23% recibe el tratamiento adecuado. El resto se amontona en los casi 100.000 vertederos ilegales existentes, pudiéndose producir filtraciones de elementos químicos peligrosos que envenenen la tierra. Esto también ocurre a veces en los enterramientos subterráneos controlados. Algunos residuos tóxicos, como los **disolventes** de la industria de pintura, pueden filtrarse de los contenedores y entrar en contacto con el suelo. Determinados fenómenos naturales, como inundaciones y temblores de tierra, afectan al subsuelo y pueden provocar fugas de sustancias tóxicas.

A menudo se entierran juntos en los vertederos los residuos domésticos y los industriales. Metales pesados como el mercurio y el cadmio —presentes en las pilas, los pesticidas, los disolventes y el amianto— se entierran con los **BPCs** (bifenilos policlorados), unos productos químicos utilizados principalmente en la industria electrónica. Estos venenos se filtran en el suelo y tienen un efecto devastador sobre la vida vegetal y animal. Las cosechas contaminadas con BPCs y cadmio transmiten los productos tóxicos a la cadena alimenticia, provocando cáncer.

▼ Los científicos están intentando desarrollar determinadas especies de bacterias que se alimentan de petróleo. Los investigadores confían en que serán capaces de sobrevivir a las elevadas temperaturas y presiones de los tanques de petróleo. Esos productos químicos bacterianos se utilizarán para disminuir la viscosidad del petróleo, acabar con los residuos y limpiar las costas afectadas por las mareas negras.

◄ Vertedero de bidones de acero con residuos, en Colorado, EEUU. Los residuos procedentes de las industrias se introducen en recipientes herméticos y se **depositan** en emplazamientos especiales. Pero estos recipientes no son nunca seguros al cien por cien y algunos residuos acaban filtrándose al suelo. Los bidones de la fotografía no han sido etiquetados y algunos de ellos pueden contener productos químicos tóxicos.

► El pueblo de Love Canal fue construido sobre un vertedero químico. En 1976, la nieve propició que los productos químicos se filtraran a los jardines y las casas, quemando a niños y afectando a la salud de las mujeres embarazadas.

Suelo afectado por filtraciones tóxicas.

Años después, los productos químicos se filtran de los bidones y pasan al agua.

Productos químicos en un vertedero subterráneo situado bajo el pueblo.

15

Muchas costas del mundo están contaminadas por residuos domésticos e industriales. Desperdicios de todo tipo —envases de cartón, cascos, latas, bolsas de plástico, etc.— acaban en las orillas. Mucha de esta basura es arrojada por los barcos que navegan en alta mar, pero parte de ella proviene de la gente que va a pasar el día en la playa y no recoge sus residuos.

En algunas zonas costeras, las aguas residuales sin tratar se vierten directamente al mar y acaban siendo arrastradas hasta las playas. Las aguas residuales sin depurar contienen bacterias perjudiciales y productos químicos tóxicos, como lejías y detergentes. Los bañistas corren el riesgo de contraer infecciones a causa de las bacterias de las aguas residuales.

Otros residuos terminan también en las costas. En algunas playas de EEUU se han encontrado residuos sanitarios, como jeringuillas y tubos de ensayo con sangre. El petróleo vertido en alta mar acaba también ensuciando las costas.

A veces se encuentran en la playa bidones que contienen productos químicos tóxicos. Algunos de ellos llegan hasta la costa a causa de los accidentes que se producen en alta mar. Otros son arrojados deliberadamente al océano por países que no quieren afrontar el alto coste de depositarlos en lugares seguros.

▼ Incendio de un yacimiento petrolífero en Kuwait. El vertido y la combustión de petróleo origina grandes daños al medio ambiente. Las mareas negras contaminan las orillas y el mar; además, exterminan la vida marina. Los humos tóxicos que se producen cuando arde el petróleo contaminan seriamente la atmósfera.

Playa de Hong Kong cubierta de residuos domésticos. Hay playas tan contaminadas como ésta en diversos lugares del mundo. Suponen un serio peligro para las personas y los animales, además de ser desagradables a la vista y de no poder ser utilizadas por los veraneantes. No hay que olvidar tampoco que la basura en descomposición produce un gas llamado metano que, incorporado al medio ambiente, daña la capa de ozono. El metano que se acumula bajo un montón de basura puede originar también explosiones. Muchos plásticos no se degradan nunca y permanecen durante cientos de años en los vertederos de basura.

LA CONTAMINACIÓN ATMOSFÉRICA

Las emisiones de las centrales eléctricas y de las fábricas contienen productos químicos nocivos. Al ascender a la atmósfera, el viento los transporta por toda la Tierra. Parte de las emisiones liberadas en el Reino Unido llegan hasta Suecia y Alemania, donde caen en forma de lluvia ácida.

Otros productos nocivos liberados por la industria son las **dioxinas**. Éstas se forman al quemar plásticos y otros productos que contienen derivados del cloro. Si las dioxinas llegan al suelo, acaban entrando en la cadena alimenticia cuando el ganado pasta la hierba contaminada. Las dioxinas afectan a la memoria, los músculos y los nervios de los fetos. Incluso la quema de objetos de **PVC** (cloruro de polivinilo) en los jardines produce dioxinas.

La gasolina contiene otro producto peligroso, el plomo. Cuando los vehículos circulan por las carreteras, el plomo expulsado por los tubos de escape cae en la tierra y es absorbido por las plantas. El plomo puede producir daños en el cerebro y el sistema nervioso.

▼ Las fábricas, las centrales eléctricas y los automóviles producen sustancias tóxicas. Éstas pasan a la atmósfera y flotan llevadas por el viento, que las puede arrastrar lejos. Los contaminantes se combinan con el vapor de agua del aire y forman ácido sulfúrico y ácido nítrico. Estos ácidos caen a la tierra en forma de lluvia ácida.

El viento transporta la contaminación y la esparce por la tierra.

Contaminación producida por fábricas, centrales eléctricas, vehículos y otras fuentes.

Las partículas ácidas caen sobre un terreno cultivado.

▲ Un camión se deshace de su carga de tomates en un campo, en Italia. La contaminación resultante de las actividades humanas produce frecuentemente daños en el suelo y acaba perjudicando las cosechas. Los cultivos que absorben productos tóxicos deben ser destruidos para que no afecten a la salud de los animales o del hombre.

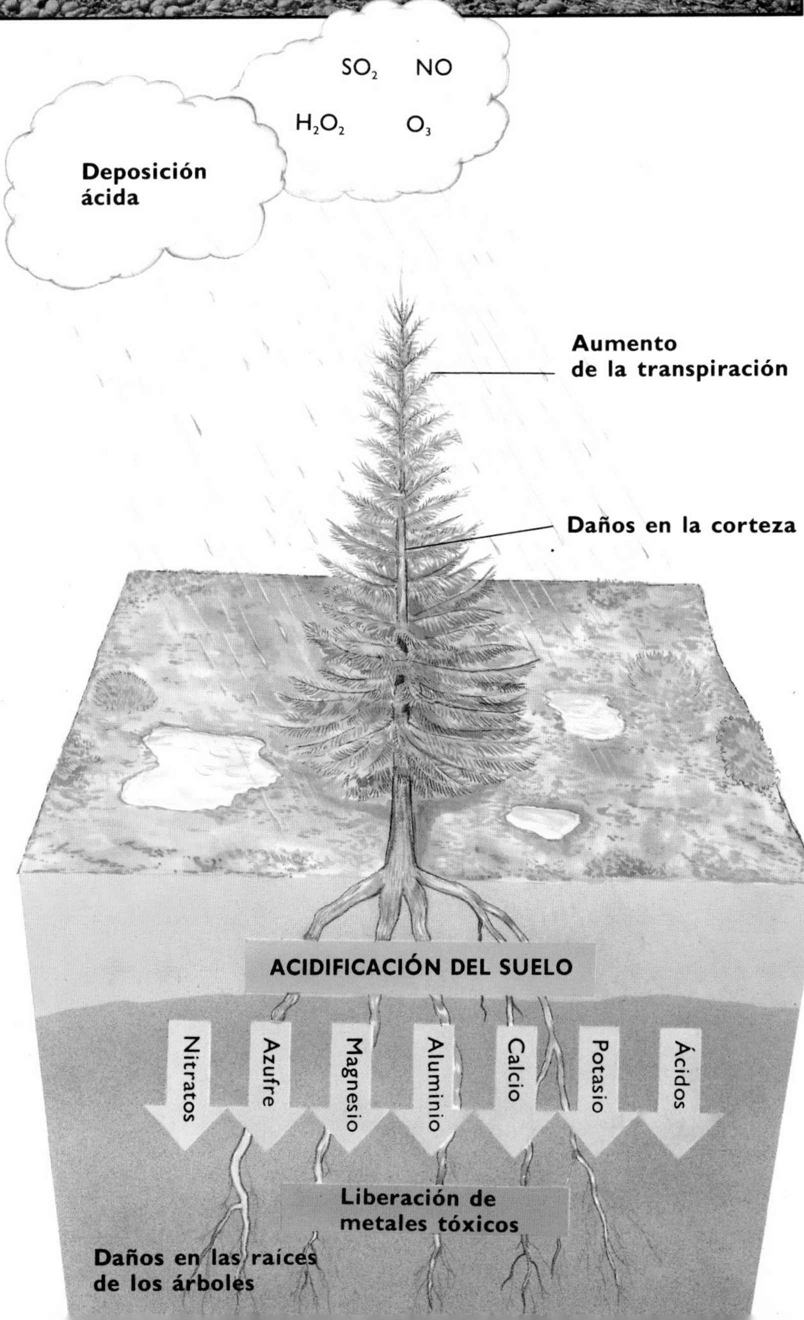

▶ La lluvia ácida constituye un grave problema para la flora. Cuando se queman combustibles fósiles, como el carbón, para proporcionar calefacción a los edificios o para obtener energía, se liberan anhídrido sulfuroso y óxido de nitrógeno que van a parar a la atmósfera. Estos gases se combinan con el vapor de agua que hay en el aire y caen a la tierra en forma de lluvia o nieve. Cuando la lluvia ácida es absorbida por el suelo, daña las raíces de las plantas. Esta lluvia contaminada también acidifica el suelo.

Deposición ácida

SO_2 NO

H_2O_2 O_3

Aumento de la transpiración

Daños en la corteza

ACIDIFICACIÓN DEL SUELO

Nitratos · Azufre · Magnesio · Aluminio · Calcio · Potasio · Ácidos

Liberación de metales tóxicos

Daños en las raíces de los árboles

19

LA TIERRA RADIACTIVA

El uranio se emplea en los reactores nucleares que generan electricidad para nuestras viviendas y fábricas. Pero la explotación del uranio deja extensas zonas de terreno contaminadas por la radiactividad durante miles de años. Los escombros de las minas, llamadas gangas, emiten un gas radiactivo llamado radón 222. Las gangas se amontonan frecuentemente cerca de los yacimientos o se arrojan a los vertederos. En EEUU se han empleado incluso para construir casas y carreteras. Se ha asociado la presencia de niveles elevados de gas radón en el entorno con el cáncer de pulmón de las personas.

Otro tipo de contaminación radiactiva tiene lugar cuando se llevan a cabo pruebas de bombas atómicas o cuando se producen accidentes en las centrales nucleares. La lluvia o el polvo radiactivos, ambos tóxicos, son arrastrados por el viento hasta que acaban cayendo al suelo, envenenándolo y destruyendo las cosechas.

Algunas plantas pueden incluso absorber sustancias radiactivas a través de sus raíces. Por ejemplo, las plantas absorben cesio 137, que se asemeja al potasio, un nutriente vital para las plantas. Cuando las vacas comen el pasto radiactivo, el veneno pasa a los humanos a través de la leche contaminada.

▼ Almacén de residuos radiactivos. Los residuos producidos en las centrales nucleares son altamente radiactivos durante miles de años. Las vainas de uranio agotadas, que se han utilizado durante la fisión nuclear, se almacenan en piscinas de agua, cerca de la central. Cuando las vainas se han enfriado, se transportan a otros lugares para ser almacenadas o reprocesadas.

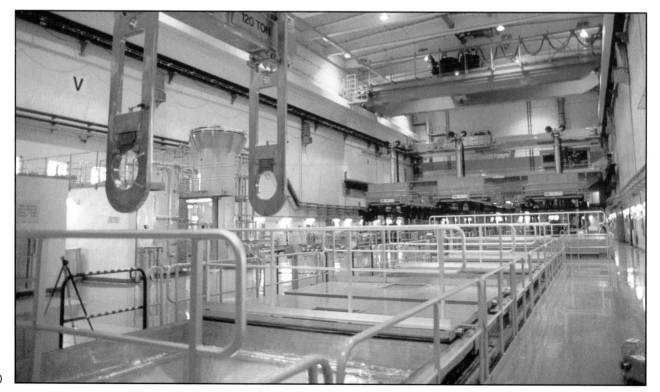

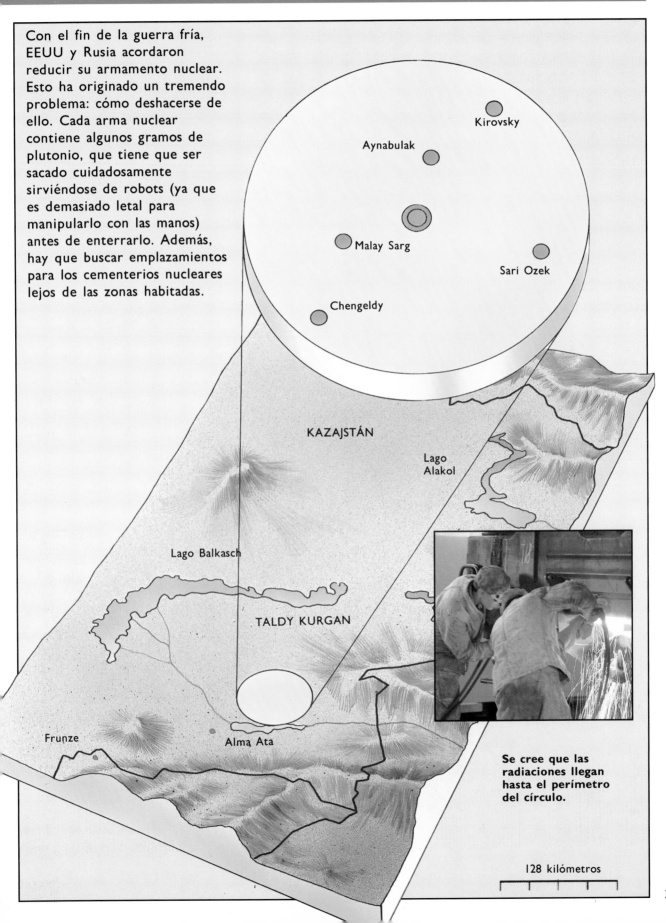

Con el fin de la guerra fría, EEUU y Rusia acordaron reducir su armamento nuclear. Esto ha originado un tremendo problema: cómo deshacerse de ello. Cada arma nuclear contiene algunos gramos de plutonio, que tiene que ser sacado cuidadosamente sirviéndose de robots (ya que es demasiado letal para manipularlo con las manos) antes de enterrarlo. Además, hay que buscar emplazamientos para los cementerios nucleares lejos de las zonas habitadas.

Kirovsky

Aynabulak

Malay Sarg

Sari Ozek

Chengeldy

KAZAJSTÁN

Lago Alakol

Lago Balkasch

TALDY KURGAN

Frunze

Alma Ata

Se cree que las radiaciones llegan hasta el perímetro del círculo.

128 kilómetros

21

SANEAR LA TIERRA

Los áfidos constituyen una amenaza para los agricultores, ya que pueden estropear sus cosechas. Para matarlos suelen emplear pesticidas, pero existen otras soluciones que no perjudican el suelo, como, por ejemplo, las mariquitas, que se comen los áfidos. Desgraciadamente, muchos pesticidas utilizados para exterminar los áfidos acaban también con las mariquitas. Los agricultores biológicos están estudiando la forma de emplear mariquitas y otros insectos como un medio natural de controlar los insectos dañinos.

Muchas sustancias tóxicas del suelo acaban filtrándose y contaminando las aguas subterráneas. En España se ha emprendido un proyecto, llamado *Destoxificación Solar,* para descontaminar el agua empleando la energía solar. En él se aprovecha la energía luminosa para producir una reacción química que degrada los compuestos tóxicos del agua y los transforma en sustancias menos peligrosas.

La rotación de cultivos es otra forma de reducir el daño que se ocasiona a la tierra. Los distintos cultivos aportan nutrientes y mantienen sano el suelo. Esto reduce la necesidad de utilizar fertilizantes artificiales, que destruyen la riqueza natural del suelo.

▼ Un equipo especializado en la limpieza de crudo trabaja en una playa de Bretaña (Francia) afectada por la marea negra. Los vertidos de petróleo contaminan seriamente las playas con su líquido viscoso y las dejan inutilizables para los bañistas. Frecuentemente, la compañía responsable del vertido de crudo tiene la obligación de limpiar la zona contaminada.

◄ Las explotaciones mineras a cielo abierto que se han agotado pueden aprovecharse para diferentes fines. Esta antigua mina de carbón de Colstrip (Reino Unido) está siendo recuperada. Modernas máquinas han extendido sobre el suelo estéril una nueva y rica capa vegetal para poder sembrarla. Las plantas reducirán la erosión del suelo.

▼ Los agricultores biológicos alternan los cultivos de sus tierras cada año. Esto evita que se propaguen las plagas de insectos y que se empobrezca el suelo.

ACIÓN CULTIVOS

Trigo

Césped y trébol mezclados

Nabos

Cebada

¿QUÉ SOLUCIONES EXISTEN?

Algunas compañías importantes han llegado a la conclusión de que pueden ahorrar mucho dinero implantando sistemas que eviten la contaminación. Por ejemplo, algunas papeleras ya no blanquean la pasta de madera para obtener un papel más blanco. Por tanto, no tienen que gastar grandes sumas de dinero en eliminar de sus residuos las dioxinas que se forman en el proceso de blanqueo.

En España, en 1992, el 35,8% de la producción energética fue generado por las centrales nucleares, y el 52%, por las centrales térmicas. Sin embargo, se están desarrollando las energías alternativas, fundamentalmente la energía eólica y la solar. En el año 1992, las energías renovables no alcanzaban el 3% de la producción total, pero las previsiones de la Comunidad Europea apuntan a que, en el año 2000, contribuyan al menos en un 5%. En las centrales térmicas en las que se quema carbón se ha descubierto que, si se echa piedra caliza (carbonato cálcico) en los hornos, se puede evitar el escape de gases tóxicos a la atmósfera.

Reciclar un mayor porcentaje de la basura doméstica es otro objetivo importante para dejar de envenenar la tierra. En lo que respecta a los vehículos, lo ideal sería que funcionaran con energía solar en lugar de gasolina.

▼ Generadores eólicos en South Point, Hawai. Las centrales de energía eólica son fuentes alternativas de energía limpia. Aunque estas centrales son más caras que las hidroeléctricas o las nucleares, el impacto ambiental es menor, y además no tienen costes de reciclaje de residuos ni dañan el medio ambiente.

Planta de reciclaje de residuos domésticos e industriales. Muchas de las cosas que tiramos a la basura —latas de aluminio, cascos de vidrio y papel— pueden recogerse y llevarse a lugares especiales para ser recicladas. La industria del automóvil reutiliza y recicla muchas piezas de los coches viejos.

¿QUÉ PUEDES HACER TÚ?

Tú puedes contribuir de muchas maneras a evitar la contaminación de la tierra: Elige los productos que vengan en envases reciclables y los que tengan menos envoltorios. Esto evita mucha basura. Reutiliza las bolsas de plástico del supermercado o lleva tu propia bolsa de la compra. No tires las pilas gastadas a la basura; entrégalas en el establecimiento en que las hayas comprado. Guarda los periódicos viejos y llévalos a reciclar. Siempre que puedas, compra alimentos biológicos y utiliza papel reciclado.

DIRECCIONES ÚTILES

Greenpeace España

C/ Rodríguez San Pedro, 58
28015 MADRID

Fundación Atis (Fundación para el fomento de la conciencia ambiental)

C/ Meléndez Valdés, 52
28015 MADRID

ADENA
(Asociación para la Defensa de la Naturaleza)

C/ Santa Engracia, 6
28010 MADRID

CEMA
(Colectivo de Educación Medioambiental)

C/ Cervantes, 4 - principal, derecha
50006 ZARAGOZA

Ministerio de Obras Públicas y Urbanismo
Secretaría General de Medio Ambiente

Paseo de la Castellana, 67 - planta 4.ª
28071 MADRID

Haz un mural

Es muy importante que la gente tome conciencia del problema de la contaminación de la tierra. Una forma de divulgar esta información puede ser con un mural. Haz uno y cuélgalo en tu cuarto o en el colegio.

I. Piensa un titular que llame la atención.

2. Realiza una ilustración que ponga de relieve el peligro que corre la tierra debido a la contaminación. También puedes recortar fotografías de revistas y hacer un *collage.*

3. Resume en cuatro o cinco líneas qué está ocurriendo con la contaminación de la tierra y por qué es tan importante tomar medidas inmediatamente.

4. Sugiere algunas cosas que se pueden hacer para resolver el problema del envenenamiento del suelo.

5. También puedes incluir algunas direcciones útiles de las asociaciones que se preocupan por los temas ecologistas.

ES TU

TIERRA

NO DEJES QUE LA

ENVENENEN

NUESTRO SUELO ESTÁ SIENDO ENVENENADO Y DESTRUIDO POR EL ABUSO DE PESTICIDAS Y FERTILIZANTES, EL VERTIDO DE RESIDUOS DOMÉSTICOS Y EL ENTERRAMIENTO DE RESIDUOS RADIACTIVOS Y TÓXICOS. SI SEGUIMOS ASÍ, PRONTO QUEDARÁ MUY POCO SUELO ÚTIL.

¿QUÉ PUEDES HACER?

- AYUDA A MANTENER LIMPIOS EL CAMPO Y LA CIUDAD. NO DEJES NUNCA RESIDUOS EN EL SUELO Y, SI ENCUENTRAS PLÁSTICOS TIRADOS, RECÓGELOS Y ARRÓJALOS EN UNA PAPELERA.
- COMPRA "PRODUCTOS ECOLÓGICOS" PARA FOMENTAR LOS MÉTODOS DE AGRICULTURA BIOLÓGICA QUE NO DAÑAN EL SUELO.
- RECICLA TODO LO QUE PUEDAS PARA REDUCIR LOS RESIDUOS DOMÉSTICOS.
- DENUNCIA A LOS ORGANISMOS COMPETENTES LAS ESCOMBRERAS ILEGALES.

DIRECCIONES ÚTILES

FICHA DE SÍNTESIS 1

La isla de Gruinard

La isla de Gruinard, que se encuentra junto a la costa escocesa, fue utilizada para ensayar armas bacteriológicas durante la segunda guerra mundial. Esas armas iban a ser utilizadas por los ingleses contra los japoneses, que a su vez ya habían iniciado la guerra bacteriológica contra los chinos. Los científicos experimentaron estas armas con ovejas y, al cabo de pocos días, todas habían muerto. La isla está hoy contaminada con esporas de ántrax y no se permite vivir allí a nadie. Un cartel colocado por el Gobierno británico en la playa advierte de los peligros de adentrarse en la isla con las siguientes palabras: «Isla de Gruinard. Esta isla es propiedad del Gobierno y tiene un uso experimental. El suelo está contaminado con ántrax y es peligroso. Prohibido desembarcar».

Recuperar el suelo

Grandes extensiones de terreno que han sido asoladas por algunas actividades del hombre (como, por ejemplo, las explotaciones mineras o las talas forestales abusivas) pueden ser empleadas para otros usos. Si la zona no contiene radiaciones nocivas o productos químicos tóxicos, puede sustentar vida vegetal y animal. El terreno de la fotografía superior se ha utilizado para construir viviendas, lo que, además, resuelve el problema de la falta de viviendas.

En ese lugar se pueden edificar muchas casas y cultivar plantas con tal de que se lleve a cabo un cuidadoso programa de saneamiento del terreno. No todo el terreno recuperado se utiliza para construir viviendas. A veces se emplea para levantar escuelas u hospitales, o se deja en barbecho.

Las minas a cielo abierto agotadas pueden recuperarse para usos agrícolas. Esto es mucho más difícil, puesto que el suelo insalubre y estéril tiene que ser tratado hasta que pueda volver a sustentar vida vegetal. A veces se recubre el suelo con tierra fértil traída de otras zonas. Esto acelera el rejuvenecimiento del suelo y lo protege de la erosión.

Nuevo campo de golf

Los antiestéticos e insalubres vertederos de basura también se pueden recuperar, evitando de esta manera que contaminen el terreno y la atmósfera indefinidamente. Este campo de golf de Settler's Hill, en EEUU, se hizo sobre un inmenso vertedero de basura. Primero se quitó la basura y se quemó en un incinerador; luego se plantaron judías y trébol para devolver algunos nutrientes al suelo; después se procedió a plantar césped y arbustos. Ese terreno es mucho más útil y más «amigo del medio ambiente» como campo de golf que como vertedero de basura.

Hong Kong

La fotografía inferior muestra una vista de Hong Kong tomada desde el pico Victoria. En esta ciudad, que posee unos altos índices de contaminación, viven y trabajan unos seis millones de personas. A diario, la ciudad genera dos millones de toneladas de aguas residuales y residuos industriales. La mitad de las aguas residuales se vierte sin tratar al mar. De las 42 playas que hay en Hong Kong, sólo 16 son adecuadas para el baño. El lecho del mar circundante está cubierto de lodo tóxico que contiene metales nocivos, como cromo, cadmio y cobre, debidos al vertido incontrolado de residuos. Esto origina en las playas una peligrosa «marea roja» de algas y, además, los mariscos son demasiado tóxicos para que puedan comerse. Sin embargo, se sigue alentando el crecimiento industrial de la ciudad, a pesar del grave impacto medioambiental que acarrea.

FICHA DE SÍNTESIS 2

En la ciudad italiana de Seveso había una importante fábrica de productos químicos. En 1976, la fábrica explotó y más de 18 kilómetros cuadrados de terreno resultaron contaminados con una sustancia tóxica llamada dioxina. Novecientas personas tuvieron que ser evacuadas de la ciudad. El efecto inmediato de la contaminación fue muy molesto: la gente sufrió una enfermedad de la piel denominada cloracné, pero los científicos temían que, con el tiempo, los efectos serían más graves. Dos años después de la explosión, el número de niños deformes nacidos en la región se había multiplicado por dieciocho.

Sin embargo, los médicos admiten que antes del accidente no se llevaba un registro adecuado, por lo que esta estadística puede no ser exacta. Lo que sí se sabe con certeza es que los ratones y las ratas que entran en contacto con dioxinas paren crías deformes. Las industrias no fabrican dioxinas deliberadamente, sino que éstas se originan cuando se queman sustancias que contienen cloro. El PVC, al arder, también libera dioxinas. Algunas granjas situadas cerca de plantas de incineración de plásticos han tenido que destruir su producción de leche por estar contaminada con dioxinas.

VOCABULARIO

BPCs (compuestos bifenilpoliclorados): Sustancia química muy utilizada en equipamiento eléctrico. Puede matar los animales o afectar a su reproducción causando defectos de nacimiento. La producción de BPCs ha sido drásticamente recortada desde que se han descubierto los daños que producen.

Cadena alimenticia: Relación existente entre los seres vivos, que dependen unos de otros para su alimentación.

Cultivo orgánico: Cultivo que emplea sólo sustancias naturales, como el estiércol, para el tratamiento de sus cosechas.

Deforestación: Tala indiscriminada que ha convertido muchos bosques tropicales y templados en eriales, destruyendo árboles y miles de especies de animales y de insectos.

Desertización: Proceso por el que algunos terrenos secos se convierten en desiertos. Puede producirse por el pastoreo abusivo o el cultivo intensivo, que reduce la fertilidad del suelo.

Dioxina: Nombre que recibe un grupo de sustancias similares que se producen cuando se incinera cloro. Las dioxinas están consideradas altamente tóxicas, y se cree que originan cáncer en los seres humanos.

Disolventes: Sustancias líquidas constituidas por hidrógeno, carbón y cloro, que secan muy rápidamente y son a menudo tóxicas.

Erosión: Desgaste de la superficie terrestre debido a la acción del viento o la lluvia.

Fertilizante: Sustancia que contiene productos químicos, empleado para abonar el suelo con el fin de que proporcione abundantes frutos.

Incineración: Combustión de residuos domésticos e industriales a temperaturas muy elevadas.

Lluvia ácida: Lluvia que se vuelve ácida cuando la contaminación procedente de las zonas industriales y de los automóviles reacciona con el agua en la atmósfera. Produce daños en los árboles y en el suelo y acidifica los lagos.

Pesticida: Producto químico utilizado para exterminar insectos, otras plagas de las plantas y malas hierbas.

PVC (cloruro de polivinilo): Plástico fabricado a partir de cloro.

Reciclar: Recuperar productos útiles de los residuos, de forma que puedan ser utilizados de nuevo.

Vertedero: Extensión de terreno en el que la basura se entierra en el suelo. La mayoría de las basuras domésticas y residuos industriales se vierte en estos terrenos.

ÍNDICE ALFABÉTICO